AF189485

Sammlung von 60 Sketche un spelte Witzen

för

Schoolkinner

rutgeven von den
Vereen „De Plattdüütschen" e.V.
Fördervereen för de Plattdüütsche Sprook
in'n Landkreis Stood
2019

FSC
www.fsc.org
MIX
Papier aus ver-
antwortungsvollen
Quellen
Paper from
responsible sources
FSC® C105338

Bibliografische Information der Deutschen Nationalbibliothek:
Die Deutsche Nationalbibliothek verzeichnet diese Publikation in
der Deutschen Nationalbibliografie; detaillierte bibliografische
Daten sind im Internet über http://dnb.dnb.de abrufbar.

Umschlaggestaltung, Satz und Layout:
Rudolf Kinzinger

Herstellung und Verlag:
BoD – Books on Demand, Norderstedt

ISBN: 978-3-7504-2711-2

Vorbemerkung

Unser Verein bemüht sich seit 2002, junge Menschen mit der plattdeutschen Sprache vertraut zu machen.

Neben dem regelmäßigen Unterricht in Grundschulen und in Kindergärten ist es für die Kinder sehr wichtig, dass sie ihre Fähigkeiten auch im Rahmen von Rollenspielen oder Bühnenauftritten ausprobieren.

Hierzu legt unser Verein eine Sammlung von 60 Sketchen und gespielten Witzen vor.

Es sind kurze und längere Possenspiele. Diese Rollenspiele sind in der Praxis erprobt und geeignet, von Kindern gespielt zu werden.

Dieses Heft soll eine kleine Handreichung bei der Auswahl von Übungsstücken für Kinder sein.

Dezember 2019
Vereen „De Plattdüütschen" in 'n Landkreis Stood

Heinz Mügge, Vörsitter

Inhalt

Angeln un snacken

Personen: Zwei ANGLER.

Die ANGLER sitzen auf Campinghocker, mit Angelgerät und Regenwurmeimer.
Sie fädeln einen Wurm auf den Haken und werfen die Angel aus.
Danach erfolgt eine Zeitlang nichts.

---

1. ANGLER: Scheunen Schiet, nich?

2. ANGLER: Wat hest du seggt?

1. ANGLER: Scheunen Schiet, nich?

2. ANGLER: Komm mi nich mit Politik.

1. ANGLER (gähnt!!)

2. ANGLER: Hest nich utslopen?

1. ANGLER: Nee, würr bi 'n Kegeln, bün Klock veer no Huus komen.

2. ANGLER: Wat sä denn diene Fro?

1. ANGLER: Wat de sä?: „Warum kommst du nicht früher? Ich habe noch kein Auge zu gemacht."

2. ANGLER: Un wat hest du tau segg?

1. ANGLER: „Meenst du, ik heff een Oog dicht hat?"

---

2. ANGLER: Du kiek mool een swatten Stork.

1. ANGLER: Tatsächlich, heff noch gor nich wüsst, dat dat swatte Störk gifft.

2. ANGLER:	Kloor doch. Wat meenst wohl, wo de Swatten herkommt.
1. ANGLER:	Weest du egentlich, wo Afriko liggt?
2. ANGLER:	Nee, so genau nich. Ober wiet kann dat nich ween. Bi uns in de Firma dor arbeid een, de kummt jeden Morgen mit 'n Rad.

---

1. ANGLER:	Du segg mol, stimmt dat, du wullt verreisen? Wohen denn?
2. ANGLER:	No Bad Bevensen to Kur, mit de DAK.
1. ANGLER:	Minsch, führ dor nich hin, dor warrst opfreten.
2. ANGLER:	Quatsch, wi kummst du dor op?
1. ANGLER:	Heff ik in den Prospekt leest, dor stünn: Die ganze Einwohnerschaft ernährt sich von den Kurgästen.

---

1. ANGLER:	Hest al hüürt, Meyer siene Dochter hett heirood.
2. ANGLER:	Jo, heff ik hüürt. Wi hebbt een Kaffeeservice för 24 Personen schinkt. - Un Ji?
1. ANGLER:	Wi? Een Teesieb för 24 Personen.

---

1. ANGLER:	Du, segg mol, wi oolt warrt egentlich en Elefant?
2. ANGLER:	So an de hunnert Johr.
1. ANGLER:	Un een Lokomotive, de jüst so groot is?

2. ANGLER: De warrt ungefiehr dörtig Johr oolt.

1. ANGLER: Aha, un worüm?

2. ANGLER: De qualmt toveel!

---

1. ANGLER: Du kannst mi groliern. Ik bün Vadder worrn!

2. ANGLER: Wat du nich seggst. Un wi geiht dat dien Fro?

1. ANGLER: Goot! – Ik hööp, se krigg dat nich to weten!

Angeln ohn Angelschien

Personen: Ein ANGLER, *ein* POLIZIST.

Requisiten: Angelrute, Polizistenmütze.

Der ANGLER *trägt einen langen Stock mit einer Leine über die Schulter, in der anderen Hand einen Eimer und geht langsam über die Bühne.*

Hier stellt sich ihm der POLIZIST *in den Weg.*

POLIZIST: Wiest Se mi mol Ehren Angelschien.

ANGLER: Ik angel jo gor nich.

POLIZIST: Over wie dat utsüht, wüllt Se doch angeln?

ANGLER: Wie kommt Se denn dor op?

POLIZIST: Anners harrn Se doch nich den Stock un de Lien un den Ammer bi sik.

ANGLER: Wat ik vörheff, dat bruuk ik nüms op de Nees to binnen.

POLIZIST: Over dat süht so ut, as wenn Se angeln wüllt.

ANGLER: Wiest Se mi doch mol dat Gesetz, wono dat verboden is, mit en Angel spazeren to gohn.

POLIZIST: Dat heff ik nich dorbi.

ANGLER: Seht Se. Dat Gesetz köönt Se mi nich wiesen. Ik do also afsluuts nix Stroofbores.

Banköverfall

Personen: Vier, davon mindestens eine männlich.

Kundenschlange an der Kasse in der Bank.

Eine EHEFRAU meckert mit ihrem Mann:

EHEFRAU: Wat büst du doch för enen goodlichen Kirl?
- Jümmer warr ik von di ganz kort holen.
- Ik heff keen egen Scheckkoort.
- Bi de Firma büst du de „Betriebstrottel".
- Ik harr ok ene veel betere Partie moken kunnt.
- Du büst de gröttste Dööskopp, de hier rümlööpt.

Plötzlich erscheint ein vermummter BANKRÄUBER und ruft:

Banköverfall !

und nimmt die FRAU als Geisel.

Er zieht sie aus der Kundenschlange und stellt sich mit ihr neben die Kundenschlange.

Dann hält er ihr die Pistole an den Kopf und ruft zu den Kunden:

BANKRÄUBER: **Kener bewegt sik!!!**
Anners is de Frau doot!"

Darauf dreht sich der EHEMANN um, grinst und fängt an, sich mit Armen und Beinen zu bewegen.

Bi'n Tähndoktor

Personen: Zwei PATIENTEN im Wartezimmer.

Zwei Stühle und ein Tisch mit Zeitschriften als Wartezimmer.

---

1. PATIENT: För den Tähndoktor, dor heff ik jümmer beten Schiss.
   (zum zweiten PATIENTEN gewandt)
   Na, wat deit di denn weh?

2. PATIENT: Ik heff Pfirsich eten un mi dorbi den Tähn afbroken.

1. PATIENT: Hest du den Pfirsich mit de Doos opeten?

2. PATIENT: Ne, ik heff op enen Kern beten.
   Un wat hest du?

1. PATIENT: Och, dat hett nix an 'n Foot.

2. PATIENT: Du hest dat mit de Fööt.
   Denn bruukst du doch nich no 'n Tähndoktor.

1. PATIENT: Ik heff Bononen eten.

2. PATIENT: Wat Bononen? - De hebbt doch gorkeen Karn.

1. PATIENT: Nee, - over de hebbt 'ne Schell.
   Un dor bünn ik op utruscht.
   Un dorbi op de Snuut fullen.

Beter hören

Personen: Ein ARZT oder ÄRZTIN im weißen Kittel, PATIENT normal gekleidet.

Requisiten: Zwei Stühle, ein Tisch.

Der PATIENT hört sehr schlecht. Er soll ein Hörgerät bekommen.

1. Szene:

DOKTOR: De Nächste bidde.

PATIENT: Moin, Herr Doktor.

DOKTOR: Na, wat fehlt uns denn, Vadder Möller?.

PATIENT: Mien Fro segg, ik höör slecht un nu bün ik hier.

DOKTOR: Denn wöllt wi mol kieken. Ik mook mol en Test.

(Der ARZT stellt sich hinter den PATIENTEN und sagt einige Worte. Zuerst ganz leise, dann immer lauter).

DOKTOR: Veerteihn, Handwogen, Gröttwust, Köm un Beer

(Bei dem letzten Wort grinst der PATIENT und antwortet):

PATIENT: Jo, Herr Doktor.

DOKTOR: Mi is dat kloor, Vadder Möller. Du bruukst en Höörgerät. Ik heff jüst en passlichen Apperoot hier. Denn probeert wi mol ut.

(Der ARZT fummelt das Gerät ins Ohr.)

PATIENT: Besten Dank ok, Herr Doktor. Oh, . . . nu
kann ik over glieks veel beter hüren.

DOKTOR: Dat is jo goot. Denn so seht wi uns in
veerteihn Doog wedder.

(PATIENT steht auf und geht.)

---

2. Szene:

DOKTOR: De Nächste bidde.

PATIENT: Moin, Herr Doktor.

DOKTOR: Och, Vadder Möller. Na wi is dat mit dat
ne'e Höörgerät. Büst du dormit tofreden un
kannt du nu beter hüren?

PATIENT: Jo, Herr Doktor. Dat Hüren is veel beter
worrn. Ik heff al dreemol mien Testament
ännert.

Bi't Telefonieren

Zwei Personen.

Das Telefon klingelt.

MEIER *(nimmt Hörer ab und meldet sich)* : „Meier"

MEIER *(Viel lauter, da es ein Anruf aus Amerika ist)* :
        Hallooooo.

MEIER: Psst. Dat is Antje ut Ameriko.
        Wi seggt nu ierstmol gor nix.

MEIER *(so laut, als wollte er es nach Amerika rüberschreien)*:

        Hallo Antje, wi geiht di dat?
        Tiemann sien sünd jüst hier.

GAST: Wi würr de Verständigung?

MEIER: Ganz allerbest.

GAST: Un worüm hest du so luut snackt?

MEIER: Dat Gespräch keum von wiet her, ganz ut
        Ameriko.

Biologie-Ünnerricht

Personen: LEHRERIN, *ein* SCHÜLER, *eine* SCHÜLERIN.

Requisiten: Zwei Stühle.

LEHRERIN: Also, över de Biologie von uns Minschen hebbt wi liehrt, dat een Krankheit meisttiets de swächste Steed von den Körper befallen deit.

MIRCO *(meldet sich):*
Fro Lehrerin, wi meent se dat?

LEHRERIN: Dat is 'ne gode Froog!
Kann mi een von jau mol een Bispeel seggen?

LAURA *(meldet sich):*
Ik gleuv jo, Fro Lehrerin . . .

LEHRERIN: Na, denn bün ik mol gespannt op diene Antwuurt.

LAURA: . . . dat is nämlich so, Fro Lehrerin: Wenn een Krankheit jümmer de swächste Steed bi de Minschen befallen deit, dennso weet ik nu, worüm Mirco so foken Koppweh hett!

Blinne Fro

Zwei Personen und einige Spaziergänger.

Eine BETTLERIN sitzt auf der Erde.

Sie hat sich ein Schild umgehängt mit der Aufschrift: „Blind!" und hält den Vorbeigehenden einen Becher/Topf entgegen.

Ein MANN geht vorbei.

BETTLERIN: Och Herr, schinkt se en blinne Fro bidde 50 Cent.

MANN: Hier. *(Er wirft ein Geldstück ein.)*

BETTLERIN: Och Herr, dat sünd doch man blots 10 Cent.

MANN: Watt? Hebbt Se dat glieks feuhlt?

BETTLERIN: Och Herr, dat seh ik doch.

MANN: Over Se sünd doch blind!

BETTLERIN: Nee Herr. Ik nich. Dat is mien Fründin, de vertreed ik man vondoog.

MANN: Na, un woneem is denn Ehr Fründin solang afbleven?

BETTLERIN: Och Herr.
De is man en beten no blangenan in 't Kino gohn . . .

Blomen geten

Personen: MANN und FRAU.

Requisiten: Eine Gießkanne.

MANN: Wat schall ik nu noch moken?

FRAU: Goh in den Goorn un geet dor de Blomen.
De hebbt dat bannig nödig.

MANN: Dat geiht nich.

FRAU: Un worüm geiht dat nich?

MANN: Dat regent.

FRAU: Loos stüll di nich so an.
Du hest blots keen Lust dorto.

MANN: Over dat regent doch as dull, un dat
pladdert man so dool.

FRAU: Denn tütst du di eben den Regenmantel an.

Computer-Zeitung

Personen: SOHN (oder TOCHTER) und VATER (oder OPA).

Sie sitzen in der Stube. SOHN spielt – VATER liest die Zeitung.
Eine Fliege stört die Idylle. (Das Geräusch ist nachzumachen.)
Der VATER faltet die Zeitung und schlägt nach der Fliege.

SOHN: Hest se dropen Vadder?

VATER: Jo!

VATER liest weiter Zeitung, eine neue Fliege schwirrt herum.
Der VATER faltet wieder die Zeitung und schlägt nach der Fliege.

SOHN: Hest disse ok dropen, Vadder?

VATER: Jo!

VATER: Hüür mol, hier steiht in de Zeitung, dat jüm dücht, dat in en poor Johren de Zeitungen dör de Computer ganz un gor ersett warrt.

SOHN: Dor frei ik mi nu al op, Vadder. Dat warrt ganz lustig warrn.

VATER: Nu hüür mol, wat schall dor denn an lustig ween?

SOHN: Vadder, ik stüll mi jüst vör, wi du denn mit dienen Laptop no de Flegen sloon deist!

De Breef

Personen: MANN und FRAU, POSTBOTE.

Der POSTBOTE gibt mit den Worten „Pooost" einen Brief ab, den der EHEMANN entgegennimmt. Die EHEFRAU nimmt dem EHEMANN den Brief ab.

FRAU: Geev mi den Breef mol.

MANN   De is nich för uns.

FRAU: För keen is de denn.

MANN   De Breef is för unsen Nover Tiemann.

FRAU: Nu geev mi den Breef mol her!

MANN   Hier hest em.

(Die FRAU nimmt den Brief und öffnet ihn.)

MANN: Du kannst doch nich anner Lüüd jümehr Breef open moken.

FRAU: Doch, dat kann ik. Ik mutt doch weten, wat dat wichtig is.

MANN: Dat kann doch woll nich angohn.

FRAU: Doch, wenn dat wichtig is, denn bring ik den Breef foorts röver no unsen Nover Tiemann.

(Die FRAU zerreißt den Brief.)

MANN   Wat mookst du denn. Worüm rittst du den Breef kaputt?

FRAU: Och, dor würr doch nix binnen, wat wichtig würr.

De Höhl

Personen: Zwei SPIELER und ein ANSAGER.

ANSAGER: Peter un Paul, twee gode Frünnen, droopt sik no längere Tiet mol wedder. Paul hett en Hund an de Lien.

PETER: Minsch Paul, wo hest du denn op 'n mol den Hund herkregen?

PAUL: Jo, dat würr so:
Ik stünn för so en Höhl. Un denn hüür ik dat: Dor bellt dat rut. – Denn heff ik trüchbellt. Denn hett dat wedder rutbellt. – Denn heff ik weer trüchbellt. – Jo un op eenmol stünn de Hund för mi.

ANSAGER: Enige Doog loter droopt sik de beiden Frünnen wedder. Ditmol hollt Paul ene Kauh an de Lien.

PETER: Jo Paul, wat hest du denn dor? Wo hest du denn de Kauh her?

PAUL: Ik heff dor wedder för de Höhl stohn – un denn hett dat dor rutbölkt – un denn heff ik rinbölkt. Denn hett dat wedder rutbölkt – un ik heff wedder rinbölkt. Jo un op eenmol stünn de Kauh för mi.

ANSAGER: Wedder enige Doog loter droopt sik de beiden wedder. Peter is von boben bit ünnen in Mullbinnen inwickelt.

PAUL: Jo Peter, wi sühst du denn ut, wat hest du denn blots mookt?

PETER: Ik heff dor ok för so en Höhl stohn. Denn hett dat dor ruttut – denn heff ik dor rintut. Denn hett dat wedder ruttut, – denn heff ik wedder trüchtut. Denn hett dat wedder ruttut – un ik wedder trüchtut.

Jo – un op eenmol stünn de Tog för mi.

Dat Ies (Das Eis)

Personen: MUTTER und SOHN.

Auf der Bühne stehen ein Tisch und zwei Stühle, die ein Zimmer andeuten.

Die MUTTER sitzt am Tisch und blättert in einer Zeitschrift.
Der SOHN kommt auf die Bühne, in jeder Hand ein Eishörnchen.

SOHN: Hallo, dor bün ik wedder.

MUTTER: *(schaut auf)* - Wat, twee Ies hest du di köfft?

SOHN: *(strahlt)* - Jo!

MUTTER: Over ik heff di doch blots Geld för een Ies geven.

SOHN: Dat Geld heff ik ok noch.

MUTTER: *(erstaunt)* - Wat? Dat Geld hest du noch?

SOHN: Jo, de beiden Ies heff ik schinkt kregen.

MUTTER: *(erstaunt)* - Schinkt kregen??

SOHN: Jo, ihrlich. Ik wull jo betohlen. Over de Verkäupersch wull mien Geld överhaupt nich hebben.

MUTTER: De wull dien Geld nich? - Dat verstoh ik nich.

SOHN: Ne, ihrlich. As ik dat Ies in de beiden Hand harr, heff ik to ehr segg: „Dat Geld stickt in mien Büxentasch. Hoolt Se dat dor mol rut. Over passt se op den Puggen un op de Muus op, de dor ok binnen sünd." Tau hett se mi dat Ies schinkt.

De Hund is weg

Personen: ELTERN und KIND.

Sie sitzen am Frühstückstisch.

Der VATER steht auf und ruft laut nach dem Hund:

VATER: Bello, Bello.

MUTTER: Du musst luter ropen. So hüürt de Hund dat nich.

VATER:*(noch lauter)*:   Bello, Bello.

SOHN: Ik goh mol op de Deel un seuk Bello. An Enn is he uns noch utbüxt.

Kleine Pause - die ELTERN frühstücken weiter.

SOHN kommt ganz aus der Puste zurück.

SOHN: De Hund is nich dor. Den hebbt se bestimmt klaut, oder he is weglopen.

MUTTER: Un wat mookt wi nu?

VATER *(überlegt)*:   Ik weet wat wi mookt: Wi sett en Anzeig in de Zeitung.

MUTTER: Dat is en goden Infall, dücht mi.

SOHN *(stutzt etwas)*:   Du, Vadder, dat nützt doch nix.

De Hund, de kann uns Zeitung doch gor nich lesen.

De West

Personen: Zwei und ANSAGER.

ANSAGER: Wi sünd Anfang von dat letzte Johrhunnert. In de Dörper harrn de Lüüd noch keen Bodezimmer. Dat geef blots för all tohoop en Bodehuus. Foken würr dat de Futterköök.

ANNA: Krischoon, du rückst al wedder so gediegen. Ik gleuv, du muttst wedder no dat Boodhuus hin. Uterdem is dat jo bald Wiehnachten, un to Pingsten büst du dor toletzt hin ween.

KRISCHAN: (*packt seine Sachen und geht,* ANNAS *Rat folgend, ins Badehaus*)

Bei der Rückkehr: Du, Anno!

ANNA: Jo Krischoon, wat hest du denn?

KRISCHAN: Du, dor in 't Boodhuus, dor is mi wat passeert, dat gleuvst du nich. Denn will ik mi, as ik mit allens trecht bünn, wedder anteihn un denn is mien West weg. Gänzlich weg un verswunnen. Ik heff allens afsöcht. Eenfach weg!

Ein paar Monate später:

ANNA: Du Krischoon, ik gleuv dat is wedder an de Tiet, du muttst mol weer no dat Boodhuus hin. Uterdem muss du jo ok to Oostern schier ween.

(KRISCHAN *folgt ihrem Rat, packt seine Sachen und stapft hinaus*).

KRISCHAN *(kommt freudestrahlend herein, hat die Weste wieder an und zeigt sie ANNA):*

Anna, stüll di vör, ik heff mien West wedder. Weetst du ok, wo de ween is? De harr ik doch bi 't letzte Mol glattweg **ünner** mien Hemd antrocken!

De ne'e Brill

Personen: zwei, möglichst MANN und FRAU –

Eine der beiden mit Brille, eine ohne Brille.

Die PERSON OHNE BRILLE sitzt in einem Zimmer und liest irgendetwas.

Die PERSON MIT BRILLE betritt den Raum und betrachtet die bereits anwesende Person.

PERSON MIT BRILLE: Mit de ne'e Brill sühst du jo jüst nich scheun ut.

PERSON OHNE BRILLE: Woso den dat?
Ik heff doch gorkeen Brill op.

PERSON MIT BRILLE: Nee, du nich –
over ik heff en ne'e Brill!

De Proov

Personen: MUTTER und SOHN.

Die MUTTER sitzt in ihrem Sessel und liest Zeitung.
Der JUNGE kommt rein und bringt die Streichhölzer.

KAI: So, Mudder, dor sünd de Rietsticken, de ik di holen schull.

MUDDER: Dat würr ok langsom Tiet!
(Sie will eine Kerze anzünden.)
Nanu, wat is denn mit de Rietsticken?
De sünd jo ganz klamm..
Wo hest du de her?

KAI: Ut de Köök.

MUDDER: Denn is dat keen Wunner.
Hier, loop eben no 'n Koopmann un hool frische. Over pass op, dat de in Ordnung sünd.
(Sie liest weiter in der Zeitung.)

(Kai kommt wieder zurück).

KAI: Hier sünd de ne'en Rietsticken.

MUDDER: So, sünd de denn nu beter?

KAI: Jo, de sünd all in Ordnung.

MUDDER: Wo wullt du dat denn von weten?

KAI: Is doch ganz kloor,
ik heff se all dörchprobeert!

Eendoont

Personen: FRAU MEISTERSCH und MINNA, die Dienstmagd.

---

1. Akt:

MEISTERSCH: Minna!.......Minnaaaaaa!

MINNA: Jo, Fro Meistersch! Wat schall ik?

MEISTERSCH: Hest du den Mantelknoop anneiht?

MINNA: Jo. Fro Meistersch. Se wüllt doch no Stadt.

MEISTERSCH: Jo, dat warrt nu Tiet. Hülp mi mool gau in den Mantel rin! So! Un nu seh to, dat du bit vonobend veel beschicken deist!

MINNA: Jo, jo, Fro Meistersch. Wat schall ik denn allens doon?

MEISTERSCH: Toierst kannnst du den Goornweg harken.

MINNA: Un, wenn ik dat doon heff. Wat schall ik denn doon?

MEISTERSCH: Denn kannst de Köök feudeln.

MINNA: Un wenn ik dat doon heff, war schall ik denn doon?

MEISTERSCH: Denn kannst man in de Stuuv wischen.

MINNA: Un wenn ik dat doon heff, wat schall ik denn doon?

MEISTERSCH: Denn kannst de Dischdöker plätten.

MINNA:	Un wenn ik dat doon heff, wat schall ik denn doon?
MEISTERSCH:	Denn, ja wat denn...? Denn kannst de Betten moken.
MINNA:	Un wenn ik dat doon heff, wat schall ik denn doon?
MEISTERSCH:	Wat schall ik denn doon? Wat schall ik denn doon? - Denn kannst mienthalben no Bett gohn un slopen.

(MEISTERSCH geht weg.)

MINNA - *(Die MEISTERSCH ist schon halb aus der Tür.)*:
Fro Meistersch!

MEISTERSCH:	Man, wat hest denn nu noch?
MINNA:	Frau Meistersch, is dat eendoont, wat ik toierst dau?
MEISTERSCH:	Jo, verdammi noch mol tau, jo! Mi is't wohrhaftig eendoont, wat du toierst deist. Un nu höör op mit diene dösige Frogerei!

(MEISTERSCH geht ab . . .)

MINNA:	Nu weet ik jo ok von allens Bescheed!

---

2. Akt:

MEISTERSCH(sie nimmt ihren Hut ab.):

Gottloff, ik bün weer to Huus. Man, wat is dat hier buten? De Goornweg is jo gornich harkt.

Nu mutt ik doch mol kieken.

(Sie kuckt hier und da nach und stellt fest) :

De Köök is nich feudelt. In de Stuuv is de Stoff nich wischt, sünd de Dischdöker nich plätt. Un Minna is narms to sehn. Na. Tööv du Fuuljack!

(Die MEISTERSCH zieht MINNA aus der Kammer.)

MEISTERSCH: Nu segg mi mol, du Fuuljack, wat fallt di in?
De Goornweg is nich harkt, de Köök nich feudelt, in de Stuuv is keen Stoff wischt, keen Dischdöker plätt, bloots no Bett gohn büst un slopen hest.
Hest du dor noch Wüür.

MINNA: Jo, Fro Meistersch. Ik heff nix Unrechts doon. As ik se bi't Weggohn frogt heff, hebbt se sülben segg, se weer dat wohrhaftig eendoont, wat ik toierst dä. Un door bün ik toierst no Bett gohn un heff slopen bit eben.

Elektrogeschäft

Personen: KUNDE und VERKÄUFER.

Kunde kommt gerade in den Laden.

KUNDE: Goden Dag.

VERKÄUFER: Goden Dag ok! Bitte, wat kann ik för Se doon?

KUNDE: Ik harr giern dree kaputte Glühbeern.

(Der VERKÄUFER glaubt sich verhört zu haben.)

VERKÄUFER: Wi bitte?

KUNDE: Ik harr giern dree kaputte Glühbeern.

VERKÄUFER: Over worüm denn dree kaputte?

KUNDE: Na, ik will mi doch 'n Düüsterkommer inrichten!

Footballstadion

Personen: ANSAGER, zwei ZUSCHAUER.

Um die fehlende Zuschauerkulisse und den Wichtigkeitsgrad des bevorstehenden Fußballspiels vor Augen, bzw. vor Ohren zu führen, kommt zu Beginn dieses Sketches folgende Ansage über Lautsprecher:

ANSAGER: Meine Damen und Herren!
In der restlos ausverkauften HSV-Arena wird in wenigen Minuten das Bundesligaspiel angepfiffen.

Aus Mangel an Komparsen sitzt nur ein MANN auf einer Bank, der Platz neben ihm ist frei. Ein anderer spielt so, als drängele er sich durch die im Übrigen völlig besetzte Reihe und fragt dann den MANN:

2. MANN: Tschuldigung! Is disse Platz noch free?

1. MANN: Jo!

2. MANN: Jungedi, dor heff ik over noch Sott hat. Is worr de letzte fre'e Platz in 't ganze Stadion. Hoffentlich kummt de nich noch, den disse Platz hüürt.

1. MANN: Dor kannst ganz beruhigt ween, den Platz heff ik för mien Fro köfft!

2. MANN: Jo un? – Worüm is se nich dor?

1. MANN: De is doot bleven!

2. MANN: Oh… von Harten mien Beileid!
(er macht eine kleine Pause)
Over dor harrn Se doch de Korten an jichenseen Verwandten geven kunn!

1. MANN: De sünd jüst all tohoop op de Beerdigung!

34

Frogen

Personen: ANSAGER, KURGAST und INSELBEWOHNER.

ANSAGER:	Der Inselbewohner wird von einem Kurgast befragt.
GAST:	Waren alle ihre Ahnen Seefahrer?
BEWOHNER:	Jo, dat würrn se!
GAST:	Und alle sind auf See geblieben?
BEWOHNER:	Jo, jo!
GAST:	Ihr Urgroßvater?
BEWOHNER:	De güng bi Kap Hoorn över Bord!
GAST:	Ihr Großvater auch?
BEWOHNER:	Tja, de sack' in der Noordsee af un keum nich wedder trüch!
GAST:	Und ihr Vater?
BEWOHNER:	Nee, de nich. De hett en annern Dood nohmen. Denn hebbt de Kurgäst' dotfroogt!

Fröhstück

Personen. Drei SCHULKINDER.

---

1. SCHULKIND   *(packt sein Brot aus und sagt):*

Al wedder Lebberwust op 't Broot.
Worüm fallt mien Mudder nie nich wat
in?

(wirft sein Frühstückbrot weg.)

2. SCHULKIND   *(packt ebenfalls sein Brot aus und sagt):*

Al wedder Sülten. Mien Mudder will mi
doch blots argern.

(Auch er wirft sein Frühstückbrot weg.)

3. SCHULKIND: *(holt sein Frühstückbrot aus der Tasche und
wirft es auch weg ohne nachzusehen, was
drauf ist.)*

1. SCHULKIND: Worüm smittst du dat Broot denn
eenfach so weg?

3. SCHULKIND: Al wedder Kees. Ik mag keen Kees.

2. SCHULKIND: Woher weest du denn, dat dor Kees
op is? Du hest di dat jo gor nich
ankeken.

3. SCHULKIND: Ik weet doch, wat dor op dat Broot is.

1. SCHULKIND.   Wieso dat denn?

3. SCHULKIND: Weil ik mi dat sülvst opsmeert heff.

Geschink för de Fro

Zwei männliche Personen.

ERSTER: Du, segg mol. Wat hest du diene Fro to'n Geburtsdag schinkt?

ZWEITER: Ik heff ehr ne'et Geschirr schinkt.

ERSTER: Worüm schinkst du diene Fro ne'et Geschirr.

ZWEITER: Dat würr ene gode Idee. Dat hett se sik al lang wünscht. Ik heff en ganz düür Geschink nohmen.

ERSTER: Dat verstoh ik nu nich. Worüm hest du diene Fro en ganz düür Geschirr schinkt.

ZWEITER: Pass mol op. Dat Geld is goot anlegg. Siet de Tiet, siet se dit ne'e Geschirr hett, dröff ik nich mihr afwaschen!

Groot oder lütt

Personen: ANSAGER, VATER und SOHN.

ANSAGER: De Jung sitt bi siene Schoolarbeiten un druckst rüm.

JUNG: Vadder, kannst du mi nich hülpen? Bi so Wüür as Ovend un Morgen un so, dor weet ik jümmer nich, schriev ik dat nu groot oder lütt. Ik kann dat eenfach nich beholen.

VADDER: Och, so swoor is dat nu ok wedder nich, mien Jung. Mit Ovend und Morgen, dat is jo nich ganz so eenfach. Man bi annere Wüür, dor is dat nich so swoor.
De Hauptsook is, mien Jung, de <u>Grund-Regel</u>:
Wenn du dat anfoten kannst, denn warrt dat groot schreven. Un kannst du dat nich anfoten, denn schriffst du dat lütt. Süsst woll, mien Jung, so eenfach is dat! Bloots en beten nodinken, denn kummst du dor al achter!

JUNG: Du Vadder, loot uns mol een Bispill moken!

VADDER: Jo. Am besten glieks op Hoochdüütsch, ik meen, Plattdüütsch bruukst du in de School jo nich to schrieven.
Also ik nehm mol en ganz eenfachen Satz:
„Die Katze sitzt heute hintern Ofen."
Nu kiekt wi uns de Wüür mol an: „Die" – is dat ierste Wuurt. Un dat ierste Wuurt warrt jümmer groot schreven. Dat is kloor.

„Katze" – De kannst jo anfoten? – Warrt groot schreven.

JUNG: „sitzt" – kannst nich anfoten. Warrt lütt schreven. „heute" – Kannst nich anfoten. Warrt auk lütt schreven.

VADDER: „hintern" – Tjä, den „Hintern" künnt wi jo anfoten, nich? Dat schrievt wi groot!
„Ofen" – Tjä, dat is nu so 'n Sook. Ik meen: In 'n Sommer kannst em jo anfoten. Man in 'n Winter kannst em nich anfoten! – Tjä. Villicht hest du recht, mien Jung. Is doch gor nich so eenfach mit dat groot un lütt schrieven!

Handy

Personen: MUTTER *und* TOCHTER.

TOCHTER: Oh, Mudder, wat kann ik mol moken?

MUTTER: Diern, Diern. Jümmer dat sülvige mit de jungen Lüüd:
Blots jümmer Feernsehn kieken un Langewiel!!!

TOCHTER: Mudder, weest du nich, wo mien ne'et Handy is.

(Tochter sucht ihr Handy und findet es)

MUTTER: Na, mien Diern, hest du dat nu funnen? Mi dücht, dien ne'et Handy schient di jo bannig veel Spooß to moken!

TOCHTER: Kloor, Mudder. *(zeigt der Mutter das Handy)* Ik schick Lea jüst een SMS!

MUTTER: Aha! . . . Over dor is jo gor keen Text to sehn, mien Diern!

TOCHTER: Dat is so in Ordnung, Mudder . . . weest du, Lea un ik snackt jüst nich mihr tohoop!

He weet Bescheed

Personen: MUTTER und KIND.

Die MUTTER sitzt auf einem Stuhl und hat eine Zeitschrift in der Hand.

MUTTER: Wo wullt du hen?

KIND: Ik will no den Jugendroom un mit de annern spelen.

MUTTER: Hest du diene Schoolarbeiten mookt?

KIND: De mook ik achterher, ik mutt toierst . . .

MUTTER: Nee, mien Kind. Diene Schoolarbeiten, de mookst du nu glieks.
            Diene Schoolmeestersch hett mi al seggt, dat du in de School gor nich so goot oppassen deist.

KIND: Froonslüüd köönt over ok nix för sik behollen.

Hunnenleev

Personen. VATER und SOHN.

Requisiten: Ein Hund als Stofftier.

VATER: Dat is goot mien Söhn, dat du den Hund so giern lieden machst.

SOHN: Jo Vadder, ik speel giern mit em.

VATER: Over vörsichtig muss du ween. Dat gifft Lüüd, de küsst de Hunnen.

SOHN: Keen mookt denn sowat?

VATER: Dat is ungesund un kann gefährlich ween.

SOHN: Weet ik, Vadder. Tante Elly, de hett ehrn Hund nülich ok en Söten geven.

VATER: Sühst du woll.

SOHN: Tjä, un acht Doog loter wüür de Hund doot.

Ik heet Paul . . .

Personen: MUTTER und KIND, ARZT.

KIND: *(bohrt sich in der Nase.)*

MUTTER: Paul-loot-dat!

(KIND schmeißt einen Stein weg.)

MUTTER: Paul-loot-dat!

(KIND fasst verschiedene Gegenstände an.)

MUTTER: Paul-loot-dat.

MUTTER und KIND sitzen beim ARZT.

ARZT *(fragt das KIND)*: Wi heest du denn?

KIND: Ik heet **„Paul-loot-dat"**.

Ik söök Arbeit

2 Personen: Eine sucht Arbeit und die andere ist der Arbeitgeber/die Arbeitgeberin.

BEWERBERIN: Se harrn dor ne Anzeig för ne Hotelfachfro in de Zeitung.

GASTWIRTIN: Jo, dat heff ik hatt. Wüllt Se de Steed hebben?

BEWERBERIN: Jo, dat wull ik worr. Hier sünd miene Poppiern.

GASTWIRTIN *(guckt sich die Arbeitspapiere interessiert an und meint dann):*

Jo dat süht jo goot ut. Ik will Se woll instellen.

BEWERBERIN: Goot. – Wann kann ik denn anfangen?

GASTWIRTIN: Jo, wenn't geiht to den nächsten Iersten.

BEWERBERIN: Dat is jo fein. Denn is dat so afmookt.

BEWERBERIN *(wendet sich zum Gehen und fragt):*

Een Froog heff ik noch. Wi süht dat mit dat Gehalt ut?

GASTWIRTIN: Tja dat is so, to Anfang kriegt Se 1.500 € in 't Moond. Un no twee Moond, un wenn ik mit Se tofreden bün, kriegt Se 2.000 Euro.

BEWERBERIN: Goot. – Denn koom ik in twee Moond wedder un fang denn an.

Jung verheirood

Personen: MANN und FRAU.

Der MANN in einer dicken Jacke und Handschuhe in der Hand.

ER: Ik goh denn.

SIE: Hest du ok de warmen Socken an?

ER: Jo.

SIE: Du muttst over dien Handschoh mitnehmen. Vergeet dat nich.

(ER zieht die Handschuhe an.)

ER: Over jo, mien Seute.

SIE: Warrst du ok an mi dinken?

ER: Over wiss doch.

SIE: Un fang mi nix mit annere Froonslüüd an!

ER: Ne, wiss un wohrhaftig do ik dat nich!

SIE: Dat muttst du mi over verspreken!

ER: Verdammig nochmol, ik bring doch blots den Müllammer no buten!

Immen in de Büx

Schulklasse mit 6 Stühlen und 5 Kindern. Ein KIND fehlt.

Der LEHRER (hat einen Zeigestock unterm Arm) kommt in die Schulklasse. Er stellt sich vor die Klasse.

LEHRER: Goden Dag, Kinner. Na, sünd ji al dor?

LEHRER *(geht die Reihen längs und sagt)*: Nanu, wat is denn dat, Susanne fehlt? Dat kennt wi jo gor nich von ehr. Weet von jau een, wat los is?

KIND: Nee, ik heff se güstern noch sehn.

Die Tür geht auf, SUSANNE kommt rein.

Sie guckt nach unten, als wenn sie sich schämt.

LEHRER: Wat is denn los, Susanne, du kummst jo meist teihn Minuten to loot.

SUSANNE laufen die Tränen über die Wangen.

Sie schluchzt und sagt gar nichts.

LEHRER: Nu man to, Susanne vertell uns, wat is denn posseert?. So leeg ward dat doch woll nich ween. Hett di ener wat doon?

SUSANNE: Nee, dat nich. Dat heet egentlich doch, en Imm!
(Nach einer kleinen Pause):
Ik bün vondoog tiedig noog ut 'n Huus gohn. Blots bi den Imker Möller bün ik en ganz lütten Ogenblick an dat Heck stohn bleven.

Möller würr dorbi, en Swarm Immen intofangen, de op en Appelboom seten hebbt. Dor hett dat summt un brummt as dull.

LEHRER: Dat is jo scheun un denn? Wat is denn posseert?

SUSANNE: Jo, denn is dat al posseert. En poor Immen flögen op mi to un een is mi in de, de, de . . . de is mi eneerwegens rinkropen un hett mi steken. Nu deiht dat osig weh. Dorüm bün ik nu to loot komen.

LEHRER: Dat is jo gräsig. Denn wies doch mol. Wo hett di de Immen steken?

SUSANNE: Dat, dat geiht nich. Dat kann ik leider nich wiesen.

LEHRER: Na goot, denn goh man no dienen Platz un sett di hin.

SUSANNE: Dat geiht ok nicht. Doolsetten kann ik mi ok nich.

Kinnermund

Personen: MUTTER und KIND.

Requisiten: Tisch und Stuhl.

Die MUTTER sitzt am Tisch. Das KIND kommt herein.

MUTTER: Na wi würr dat denn in de School?

KIND: Fein, Mudder, wi hebbt alltohoop düchtig sungen!

MUTTER: Jo, bald is Wiehnachten. Denn hebbt ji bestimmt Wiehnachtsleder sungen?

KIND: Jo!
Wat de annern sungen hebbt, dat weet ik nich. Ik heff „Hänschen klein…" sungen.
(Kleine Pause)

KIND: Du, Mudder, ik speel mit bi 't Krippenspeel! Nu musst Du mit mi öven, dat ok allens klappt.

MUTTER: Giern, mien Jung/Diern. Un nu vertell, wat speelst du denn för een Rull?

KIND: Ik bün een von de Schoop!

Kotte Hoor

Personen: Zwei MÄDCHEN *treffen sich.*

ALINA: Goden Dag, Saskia. Scheun, dat ik di mol dropen do.

SASKIA: Och Alina, segg mol: Büst du wedder bi 'n Putzbüdel ween?

ALINA: Wi kummst du dor denn op?

SASKIA: Och meen man, de hett di de Hoor jo ganz kott sneden.

ALINA: Tjä, dat is ganz prima. Dor spoor ik 'n Barg Tiet mit.

SASKIA: Worüm dat denn?

ALINA: Kiek mol: Nu bruuk ik mi morgens jo nich mihr so lang de Hoor to kämmen.

SASKIA: Minsch Alina, büst du en Döösbartel. Dor spoorst du bestimmt keen Tiet mit! Nu muss' du di doch jeden Dag den Hals waschen!

Klöönsnack

Personen: 2 FRAUEN. Eine trägt eine Plastiktüte.

HERTA *(kommt von links)*:
> Emma, dat is jo scheun, dat ik di mool wedder seh. Wo geiht di dat?

EMMA *(kommt von rechts)*:
> Hör blots op. Mi geiht dat so slecht. Ik komm jüst von 'n Dokter, un . . .

HERTA *(fällt ihr ins Wort)*:
> Du ik heff mi en ne'et Kleed köfft.
> *(kramt in ihrer Plastiktüte)*
> Dat muttst du di mol ankieken!

EMMA: Jo . . . un de Dokter meen . . .

HERTA: För dat Geld, segg ik di, dor kannst gor nich nee seggen. Kiek mool.

EMMA: Jo . . . un de Dokter meen, dat ik woll . . .

HERTA: Ik würr vörletzten Moond jo noch in Stood. En halven Dag bün ik an 't Söken ween, Emma, glööv mit dat, un wat heff ik funnen? Nix as Fummelkroom!

EMMA: Jo . . . de Dokter meen, dat ik woll dormit in 't . . .

HERTA: Ik wüür mi an dien Steed ok so 'n Kleed hollen, Emma. Nu, glieks würr ik dor hingohn. Du hest doch meist de sülvige Figur as ik. Un de hebbt dor noch welke von!

EMMA: Du, de Dokter meen, dat ik woll dormit in 't Krankenhuus mutt.

HERTA: Dreeundörtig Euro för so 'n Kleed, Emma, geschinkt is dat, geschinkt. Un so dick hebbt ji dat ok nich. Överlegg mol, dreeundörtig Euro blots! Goh dor hin un hool di dat ok!

EMMA: De Gallensteen sünd dat, sä Dokter Bertram.

HERTA: Feuhl doch mol! Dat is een Stoff, wat?
(reicht ihr das Kleid zu)
Ha, bün neeschierig, wat mien Mann woll segg.

EMMA: Mien Neern sünd ok nich mihr in de Reeg, sä Dokter Bertram.

HERTA: Na, wo feuhlt sik dat an?

EMMA: Ik feuhl mi gor nich goot.

HERTA: Wat? Dat feuhlt sik doch an as Samt, oder nich? Un de harrn dor 'n Utwohl, segg ik di.

EMMA: Villicht mutt ik anner Week al in 't Krankenhuus.

HERTA: Ik mag dor woll fief Kleder anprobeert hebben, man dit, glööv mi dat Emma, dit würr dat beste von all.

EMMA *(seufzt)*:
Ik will höpen, dat dat wedder wat warrt mit mi. Ik heff jo ok noch so slimm mit dat Rheuma, mien Ischias un . . .

HERTA: Du muttst dat ja sülvst weten, Emma, ob du dor nu hingeihst oder nich, man billiger kummst du so gau nich wedder to so 'n Kleed.

EMMA: Wat ik opstünns allens an Tabletten slucken mutt . . .

HERTA: Du, segg mol, wo loot is dat egentlich?

EMMA: Dokter Bertram sä, so güng dat mit mi nich wieter.

HERTA: Jo, dor hest recht. Ik mutt nu ok wieter, Emma. Wüür scheun, dat ik di mol wedder sehn heff. Hest di nich verännert, du, dat mutt 'n seggen. Sühst goot ut. Tschüüs denn! Roop doch mol an.

(HERTA entfernt sich.)

EMMA: Jo. Villicht besöchst du mi jo mol in 't Krankenhuus.

HERTA: Krankenhuus? *(kommt wieder)* Oh Emma, wo du jüst von 'n Krankenhuus snackst, dat harr ik jo meist vergeten, di to vertellen. Ik weer jo bi 'n Dokter. Wegen mien Hart-steken, mien Kreisloop un mien Zucker, weetst du. De wüür gor nich mit mi tofreden, du. De meen, dat ik villicht in 't Krankenhuus mol gründlich ünnersöcht warrn müss. Oha, dat ward wat!

EMMA: Dat is goot, dat du noch mool trüch kummst, Herta. Dat Wichtigste heff ik jo vergeten to vertellen. Ik heff mi in 'n Slussverkoop en ne'et Kleed köfft. Dat muttst di eben mol ankieken. – Tööv, ik loop eben no mien Auto un hool dat. Bün fuurts wedder dor.

(Im Weglaufen)

Un schick, segg ik di! Du schallst di wunnern! Du schallst di wunnern!

HERTA: Dat is jo 'n Ding. Ik mutt villicht bald in 't Krankenhuus, un de, de hört mi nich mool to. Wo ik doch sooo krank bün. - Sowat!

Moond

Personen: zwei KINDER (JUNGE und MÄDCHEN).

KINDER sitzen auf dem Stuhl und erzählen sich was oder spielen mit dem Handy.

MÄDCHEN: Du büst doch plietsch, ne?

JUNGE: Jo, wat wullt du von mi weten?

MÄDCHEN: Ik heff dor mol 'n Froog.

JUNGE: Denn froog mi mol wat.

MÄDCHEN: Wat liggt also nöger an Düünbeudel, de Mond oder de Stadt Berlin?

JUNGE: Dat is over en dummerhaftige Froog.

MÄDCHEN: Wenn du so plietsch büst, denn kannst du mi dat jo mol seggen.

JUNGE: Man, dat weet doch wohl jedeen.

MÄDCHEN: Na, denn segg mi dat doch mol.

JUNGE: Dat is de Mond!

MÄDCHEN: Wi meenst du dat denn?

JUNGE: Dat is doch klor!
         Denn Moond kannst du doch von hier ut sehn . . .

         . . . **Berlin** over nich.

Musterung un Marine

Personen: Ein STABSARZT *im weißen Kittel, ein* HELFER *und ein* REKRUT.

REKRUT *ohne Strümpfe. Er hat dreckige Füße.*

Der STABSARZT *mustert den* REKRUTEN *eingehend von oben bis unten. Er geht einige Male um ihn herum.*

STABSARZT *(sieht sich lange die dreckigen Füße an)*:
> Mann, Mann!

STABSARZT *(zum* HELFER*)*:
> Stellt Se den Kerl mol en Schöttel mit
> Woter hin.

STABSARZT *(blafft den* REKRUTEN *an)*:
> Stiegt Se dor mol rin.
>> *(*REKRUT *guckt irritiert den* STABSARZT *an und steigt in die Schüssel.)*

STABSARZT *(zum* REKRUTEN*)* :
> Weet Se, woför dat goot is?

REKRUT: Nee! Woher schall ik dat denn weten?
> *(*STABSARZT *stellt sich breitbeinig vor den* REKRUTEN *hin.)*

STABSARZT: Na, denn dinkt Se dor mol goot över no!
> *(*REKRUT *guckt dumm vor sich hin. Mit einem Mal kommt ihm die Erleuchtung.)*

REKRUT: Nu weet ik Bescheed – ik schall no de
Marine!

Musterung un Tähn

JENS und HEINER treffen sich auf der Straße.

JENS:	Mensch Heiner, worüm büst du so vertwiewelt?
HEINER:	Ik schall no de Musterung.
JENS:	Un, hest du Angst?
HEINER:	Jo, grote Angst.
JENS:	Man keen Sorg, ik weet wi du dor von free kummst.
HEINER:	Wirklich? Wi denn?
JENS:	Goh no 'n Tähndoktor un lot di all dien Tähn tehn.
HEINER:	Miene scheunen, gesunnen Tähn?
JENS:	Denn warrst du free von 't Militär.
ANSAGER:	Heiner mookt dat, so as em dat roden würr. No acht Doog droopt sik de beiden wedder.
JENS:	Na Heiner, büst du von dat Militär free komen?
HEINER:	Hm.
JENS:	Hest di de Tähn tehn loten?
HEINER:	Hm.
JENS:	Un nu büst du wehruntauglich?
HEINER:	Hm.
JENS:	Wegen de Tähn, nich?
HEINER:	Nee. Wegen mien Plattfööt, du Dussel.

Nautik in de School

Personen: ein LEHRER, vier SCHÜLER.

Requisiten: Vier Stühle hintereinander aufgestellt. LEHRER mit Zeigestab.

Der LEHRER steht vor einer Schulklasse und befragt einen SCHÜLER der 9. Klasse.

LEHRER: Jan, segg mol, wat wullt du mol warrn?

JUNGE: Seemann, Herr Schoolmeester!

LEHRER: Leevt dien Vadder noch?

JUNGE: Ne, de is in de Noordsee ümkomen.

LEHRER: Un dien Grootvadder?

JUNGE: De is ok op See bleven.

LEHRER: Na un denn wullt du ok wedder Seemann warrn?

(Der JUNGE überlegt und fragt dann seinen LEHRER.)

JUNGE: Herr Schoolmeester, wat is ehr Vadder egentlich mol ween?

LEHRER: De is ok Schoolmeester ween.

JUNGE: Un ehr Grootvadder?

LEHRER: De is ok Schoolmeester ween.

JUNGE: Un wo is de denn dootbleven?

LEHRER: De is in 't Bett dootbleven.

JUNGE: Herr Schoolmeester, wenn dat bi Se so is as bi mien Grootvadder, denn dröfft se doch gor nich wogen, no Bett to gohn.

Nüchtern blieven

Personen: Ein PASTOR *und ein* MANN.

MANN: Goden Dag, Herr Pastuur. Ik wull Se man
         seggen, dat ik mi von miene Fro scheiden
         loten will.

PASTOR: Dat is doch woll nich wohr! Wat hebbt Se
         denn för en Grund dorto?

MANN: Grund dorto? De ole Satan hett dat Supen
         anfungen. Herr Pastuur, morgens is se al
         duun un lett den ganzen Dag den Brann-
         wienbuddel gor nich mihr los.

PASTOR: Dat is jo slimm noog! Over wunnern mutt ik
         mi doch:
         Se drinkt doch sülbst!
         Se sünd jo in 't ganze Dörp as en Süper
         bekannt!

MANN: Jo, Herr Pastuur, dorüm jo even! Een in de
         Fomilje mutt doch nüchtern blieven !

Oolt warrn

Personen: Zwei, davon einer mit Glatze.

Requisiten: eine Wiege.

Opa sitzt an der Wiege und beguckt sich den neuen Enkel.
Klein-„HINNERK" steht daneben.

HINNERK: Du, Opa, du hest jo gorkeen Hoor mihr.

OPA: Tja, mien Jung, so is dat wenn een oolt warrt.

HINNERK Du, Opa, du hest jo ok gorkeen Tähn mihr.

OPA: Jä, mien Jung, dat is so, wenn een oolt warrt.

(HINNERK guckt seinen kleinen Bruder in der Wiege intensiv an.)

HINNERK Du, Opa, weest du watt?

OPA: Nä, mien Jung.

HINNERK: Du, Opa, mit unsen lütten Klaus dor hebbt se uns anscheten.

OPA: Wie meenst du dat?

HINNERK De hett keen Hoor - un hett keen Tähn. - Dat is'n Oolen!

Oplöste Verlööfnis

Personen: zwei FRAUEN.

Requisiten: 2 Stühle, 1 Tisch, Kaffeetassen auf dem Tisch.

Die beiden FRAUEN sitzen am Fenster im Cafe und schlafudern über die Leute, die vorbei gehen.

SUSI: Kiek mol den hier, wat hett de för en kokeligen Slipps üm.

USCHI: Nu kiek di den an, de hett en Open op de Schuller.

SUSI: Na jo. He süht jo sülvst so ut. De kummt woll ut 'n Zoo.

USCHI: Man de Fro, de kunn ok mol no 'n Putzbütel gohn.

SUSI: Kiek weg, Uschi, kiek gau weg. Kiek nich ut dat Finster.

(Dabei wird sie ganz zappelig und rührt mit den Händen rum.)

USCHI: Wat is denn los, worüm büst du so zappelig un reegst di op?

SUSI: Jüst güng mien Verlobter ganz dicht an 't Finster vörbi. Dat heet, he wüür mol mien Verlobter. Ik heff de Verlobung för 14 Doog oplöst. Von de Tiet an is he jeden Dag duun. Stinkenduun!

USCHI: Dunnerslag. De Jung, de fiert over lang!

Överloden

Zwei Personen.

Eine PERSON *sitzt auf einem Stuhl parallel zum Publikum und tut so, als wenn sie Auto fahren würde.*

Die zweite PERSON *erscheint etwas später auf der Bühne mit einer Polizeimütze (oder einer ähnlichen Uniformmütze) und spielt einen* POLIZISTEN.

POLIZIST *(hebt die rechte Hand hoch)*:
Hollt Se mol eben an!

AUTOFAHRER: Wat is denn los?

POLIZIST: Wat hebbt Se denn in den Kufferroom binnen.

AUTOFAHRER: Dor sünd Betonplatten binnen.

POLIZIST: Wi ik dat sehn do, hebbt Se Ehr Auto jo totol överlood. Kann ik Ehrn Führerschien mol sehn?

AUTOFAHRER: Meent Se dat dat wat bringt? De wigg doch blots 20 Gramm!

Rodel – Süster oder Broder?

Personen: eine weibliche, zwei männliche.

Requisiten: Ein Tisch und zwei Stühle.

Der erste Teil spielt in einer Gaststube.

Ein MÄDCHEN, das in der Gaststube bedient und ein junger GAST.
Der GAST setzt sich an einen Tisch. Das MÄDCHEN kommt auf ihn zu und fragt ihn, ob er was zu essen oder zu trinken haben will.
Der GAST bestellt sich ein Bier.
Das MÄDCHEN bringt ihm das Bier.

DIERN:	So hier is dat Beer. Loot se sik dat man smecken.
GAST:	Dat schall mi woll smecken. Ik heff richtig groten Döst.
DIERN:	Kommt Se hier ut uns Dörp?
GAST:	Ne, ik komm ut dat Noverdörp.
DIERN:	Ik heff dor mol en Rodel. Wenn Se dat roden doot, denn so bruukt Se dat Beer nich to betohlen.
GAST:	Na dat will ik woll kriegen. Den froogt Se man.
DIERN:	Nu dat Rodel: Dat is nich mien Süster un nich mien Broder un doch hebbt se den sülbigen Vadder?
GAST:	*(überlegt)*
DIERN:	Na is dat to swoor?

GAST: Jo, dor komm ik nich achter.

DIERN: Denn will ik di helpen: Dat bün ik!

GAST *(drinkt sien Beer ut, steiht op un betohlt)*:
Tja. Tschüss den ok.

Neue Szene: Der GAST trifft eine PERSON am Straßenrand.

GAST: Goden Dag, kommt Se hier ut 'n Dörp.

MANN: Jo ik wohn hier.

GAST: Denn heff mol en Rodel för di.

MANN: Man to, dat will ik woll hinkriegen.

GAST: Dat is nich mien Süster un nich mien Broder un doch hebbt se den sülbigen Vadder. Keen is dat?

MANN: Dat is jo eenfach, dat büst Du!

GAST: Quatsch, du Döösbartel. Dat is verkiehrt. Dat is de Diern ut 'n Kroog!

Rund üm de School

Personen: LEHRER, VATER, 6 KINDER.

Requisiten: 6 Stühle, Schreibpapier mit Unterlage, Stifte, Telefon.

Die Situationen sind unterschiedlich: In der Schule, im Haus, auf dem Pausenhof.

---

1. Szene:

LEHRER: Wi hebbt nu dat Reken op den Stünnenploon.

LISA: Un wat schülltt wi nu utreken?

LEHRER: Pass op. Wenn ik fief Tassen in mienen Kökenschapp heff un nehm dor een Tass rut. Wat heff ik denn?

LISA: Nich mihr all de Tassen in 't Schapp.

2. Szene:

LEHRER: So vondoog schrievt wi en Opsatz.

RALF: Herr Schoolmeester, woröver schüllt wi denn schrieven?

LEHRER: Dat Thema heet: „Wenn ich Direktor wäre!" Is dat kloor?

(Die KINDER schreiben auf einer Unterlage.)

LEHRER: Ralf, worüm schriffst du den nix?

RALF: Herr Schoolmeester, ik teuv op miene Sekretärin.

64

3. Szene:

LEHRER: Wi schrievt vondoog en Opsatz.

JÖRG *(meldet sich):* Un woröver schüllt wi schrieven?

LEHRER: Na, ik dink, de Schoolferien sünd vörbi. Jedereen hett wat beleevt un is ünnerwegens ween. Wi nehmt dat Thema: „Beseuk bi de Verwandschop".

JÖRG *(schreibt kurz und sagt)* : Fertig.

LEHRER: Na Jörg, dat güng jo gau. Denn lees man mol vör.

JÖRG: In de Ferien bün ik no miene Verwandten föhrt. Se würrn over nich dor!

4. Szene:

LEHRER: Sven, ik heff mi diene Huusopgoven ankeken.

SVEN: Sünd de in Ordnung, Herr Schoolmeester?

LEHRER: Nu wees mol ganz ihrlich Sven, hett di dien Mudder dorbi holpen?

SVEN: Ne, dat stimmt nich, Herr Schoolmeester.

LEHRER: Un dat schall ik glöven?

SVEN: Se hett dor nich bi **hulpen**. Se hett de Huusopgoven ganz **alleen mokt**.

5. Szene:

Das Telefon klingelt. Der LEHRER nimmt den Hörer ab.

Sprache aus dem Telefon mit verstellter Stimme von einem Kind.

TELEFON/KIND: Hallo, goden Dag, mien Söhn kann vondoog nich no School komen, wiel he is krank.

LEHRER: Äh, würklich? – Un mit keen snack ik?

TELEFON/KIND: Mit mien Vadder!

6. Szene:

Zwei SCHÜLER streiten sich.

1. JUNGE: Du büst en groten Dussel.

2. JUNGE: Du büst en noch gröteren Dussel.

1. JUNGE: Du büst en Komel.

2. JUNGE: Du büst en noch veel gröttert Komel.

(Jetzt kommt der LEHRER in die Klasse.)

LEHRER: Wat is hier los?

1. JUNGE: He hett seggt, ik bün hier dat gröttste Komel.

LEHRER: Ji hebbt worr vergeten, dat **ik** wedder dor bün!!

7. Szene:

Der kleine NIKLAS zeigt seinem VATER sein Zeugnis.

NIKLAS: So Vadder, hier is mien Tüügnis.

(Der VATER sieht es sich an.)

VATER:	Also ik mutt doch seggen, diene Zensuren, de loot doch to wünschen över.
NIKLAS:	Fein, Vadder, denn wünsch ik mi en Fohrrad.

8. Szene:

FRITZCHEN kommt aus der Schule nach Hause.

FRITZCHEN:	Also Vadder, uns Schoolmeester weet ok nich, wat he will.
VATER:	Wieso? Wie kummst du dor denn op?
FRITZCHEN:	Güstern hett he segg: Fief und fief sünd teihn. Vondoog hett he mit 'n mol segg: Dree und söven sünd teihn.

9. Szene:

Im Biologieunterricht.

LEHRER:	In de letzte Bio-Stünn hebbt wi över den Minschen snackt. Wat meent ji, wieveel Sinne bruukt de Minsch to 'n Kieken?
HAUKE:	Dree. De Ogen, de Nees un de Ohrn.
LEHRER:	Dat mit de Ogen stimmt. Over wieso bruukt wi de Nees un de Ohrn?
HAUKE:	Womit schulln wi denn woll de Brill fastholen, wenn wi keen Nees un keen Ohrn harrn?

10. Szene:

Pünktlichkeit – LEHRER steht vor der Klasse.

LEHRER: Ik segg jau dat nochmol wedder:
Pünktlichkeit is dat Wichtigste in 'n Leven.

(STINE kommt zwei Minuten zu spät und setzt sich auf ihren Platz.)

LEHRER: Dat kann jo woll nich angohn, dat du to loot komen deist. Wat schall ut di blots noch mol warrn?
Dat gifft en Grundsatz:
Entweder man kummt pünktlich oder man is doot!

(Am nächsten Tag.)

STINE: De Klock is al acht. Wo blifft de School-meester blots?

JOCHEN: Wenn he nich pünktlich is, denn mutt he woll doot ween.

(Die KINDER gehen, bis auf einen, alle von der Bühne.

Der LEHRER kommt, ganz aus der Puste, in die Klasse.

Er kuckt und kuckt.)

LEHRER: Jochen, wo sünd denn de annern Kinner?

JOCHEN: Herr Schoolmeester, se hebbt doch sülvst seggt: Entweder man is pünktlich oder man is doot! Nu sünd de annern all los. De wüllt för Se en Kranz keupen!

11. Szene:

Sauberkeit.

KIND (JUNGE) kommt aus der Schule nach Hause.
Requisiten: Tisch und 2 Stühle, 2 Teller auf dem Tisch.
Die MUTTER ist in dem Raum (Küche oder Stube)
Das KIND kommt auf die Bühne und stellt die Schultasche in die Ecke.

KIND: Wat gifft dat vondoog to Eten?

MUTTER: Goh man ierst mol sitten. Dat gifft Nudeln mit Tomotensooß.

KIND: Oh, dat is goot. Dat mag ik.

MUTTER: Un wat geev dat in de School?

KIND: Güstern hett de Schoolmeester den Ralf, de blangen mi op de Schoolbank sitt, no Huus schickt.

MUTTER: Worüm dat dann, is he krank?

KIND: Nee, dat nich. Over de Schoolmeester hett seggt, dat he fürchterlich stinkt, he hett sik nich wuschen.

MUTTER: Stinken seggt een nich. Dat heet rüken!

KIND: He hett over würklich stunken. Ik heff dat doch ok roken.

MUTTER (*kuckt richtig böse*):
Hett dat denn wat bröcht, dat he em no Huus schickt hett?

KIND: Oh, jo, dat hett dat. Vondoog harrn sik fief ut de Klass nich wuschen!

Rook un Peerd

Zwei Personen.

BAUER 1:   Goden Dag, Hermann, segg mol, wi geiht di dat?

BAUER 2:   Och, - Dag ok, Fieten. Ganz goot so wiet.

BAUER 1:   Un wat mookt de Bue'eree?

BAUER 2:   Och, sowiet - so goot. Over, du segg mol Fieten, smeukt dien Peerd?

BAUER 1:   Nee, wi kummst du denn dor op?

BAUER 2:   Tja! Dat reukert dor so! Un wenn dien Peerd nich smeukt, denn so brennt dien Peerstall.

Sure Arbeit

Zwei Personen.

HANNES: Jochen, du mookst jo en Gesicht, as würrn
di de Petersillen verhogelt.
Wat is denn los mit di?

JOCHEN: Hannes, ik will di dat mol verkloren:
Ik heff so en bannig sure Arbeit tofoten
kregen – dor goh ik noch an toschann.

HANNES: Wo kann dat denn angohn?

JOCHEN: Ik föhr jeden Dag no Hamborg un verdeen
mien Geld in 'n Hoven. Morgens Klock süss
geiht dat dor al los.
Jümmer de dicken Kaffee-Säck schuven.
Dree Stünn in een Tour!

HANNES: Dor kummst bi ut de Puust, wat?

JOCHEN: Dat segg ik di. Glieks no 'n Freustück geiht
dat wieter mit de Schinneree. Gau dat
Middageten doolslucken un denn in eens
wieter bit Klock veer. Denn so jappst du as
so 'n olen Jagdhund.

HANNES: Man, Jochen, dat hollt jo keen Peerd ut!
Wie lang mokst du dat denn al?

JOCHEN: Wi lang, froogst du?
Morgen freuh schall ik anfangen!

Söss „2-Minuten-Sketche" för Anfänger

1. Nachtvogel

Personen: Zwei MÄNNER.

1. MANN: Mien Fro, de is morgens jümmer so meud.

2. MANN: Un worüm is se dat?

1. MANN: Se kann ovends jümmer nich in 't Bett finnen. Dat is bald nich mihr uttoholen mit ehr. Keen Ovend is se vör Klock een, Klock twee to Bett to kriegen.

2. MANN: Nanu! Wat mookt se denn de ganze Tiet?

1. MANN: Se teuvt.

2. MANN: Wo teuvt se denn op?

1. MANN: Ik schall no Huus komen.

2. Unverschämt

Personen: Zwei MÄNNER.

1. MANN: Mit mien Fro, dat is 'n dull Stück. Se verlangt jümmer Geld von mi. Morgens Geld, middags Geld, ovends Geld.

2. MANN: Segg mol, wat mookt se denn mit all dat Geld?

1. MANN: Dat weet ik ok nich.

2. MANN: Un worüm weetst du dat nich?

1. MANN: Ik geev ehr jo nix!

3. Babywäsche

Personen: FRAU und MANN.

Requisiten: nackte Puppe als Kind, Waschschüssel.

Der junge VATER ärgert sich über das Geschrei im Badezimmer. Er sieht nach. – Die MUTTER steht dort und hält das KIND über eine Wanne mit dampfendem Wasser.

VATER: Wat mookst du denn? Du kannst dat Kind doch nich an de Ohren fasthollen, denn mutt dat KInd jo schreen. Dat deiht doch ok weh!

MUTTER: Jo, wi schall ik em denn sonst anfoten? Glöövst du, ik will mi de Finger verbrennen!

4. Weihnachtswunsch

Personen.: VATER und SOHN.

VATER sitzt am Tisch, der SOHN steht ihm gegenüber.

VATER: Mien Jung, wat wünscht du di denn to Wiehnachten?

SOHN: To Wiehnachten wünsch ik mi en richtig Scheetgewehr.

VATER: Ik hüür woll slecht. Dat kummt överhaupt nich in Froog!

SOHN: Ik wünsch mi over en Gewehr. En, mit dat ik richtig scheten kann.

VATER: Nu höörst du dormit op. Ik will dor nix mihr von höörn. Heff ik hier dat Seggen oder du?

SOHN: Du natürlich. Over wenn ik so en richtig Scheetgewehr harr . . .

5. Höflichkeit

PROFESSOR KLABUNDE fährt in der Straßenbahn. Höflich steht ein kleines MÄDCHEN auf.

MÄDCHEN: Bitte nehmt Se doch Platz!

PROFESSOR: Dat is over nett von di. Wi heetst du denn?

MÄDCHEN: Monika Klabunde, Papa!

6. Bräutigam-Schau

Personen: Ein JUNGE, ein MÄDCHEN und ein AUFGETAKELTES MÄDCHEN.

AUFGETAKELT: Ik stell mi foken vör, wi een ween mutt, den ik mol heiroden do.

MÄDCHEN: Un wi mutt dien Droomtyp ween?

AUFGETAKELT: He mutt Kroosch (Moot) hebben. He schall kloog, scheun, clever un cool ween.

MÄDCHEN: Also, ik gleuv, Kroosch is bi **dien** Utsehn besünners wichtig.

JUNGE: Mool ihrlich, Lara, steihst du egentlich mihr op kloge oder op scheune Typen?

MÄDCHEN: Och, Finn, de Kloken weet jümmer allens beter un de Scheunen sünd meist jümmer överkandidelt.

JUNGE: Dat verstoh ik nich.

MÄDCHEN: Finn, deshalb bün ik op leefst mit **di** tosomen!

74

Swimmbad

Personen: ANSAGER, MUTTER oder VATER und KIND.

ANSAGER: De Dochter de heet Tinchen. Se kummt jüst ut de School. Nu froogt de Mudder ehr, wi dat den so in de School weer.

MUTTER: Na Tinchen, wi weer 't in de School? Ji harrn doch Swimmen!

TINCHEN: Och, as wi jümmer.

MUTTER: Un dor is nix Ne'es posseert?

TINCHEN: Doch Mama, Arne is ut dat Swimmbad rutflogen. He mutt nu för en ganz lange Tiet in 'n Huus blieven.

MUTTER: Is dat slimm, wat hett he denn anstellt?

TINCHEN: Jo, he hett in dat Swimmbecken rinpinkelt.

MUTTER: Na ja, dat is ok teemlich slimm, dat dröff een ok nich.

TINCHEN: Na ja, ik weet nich?

MUTTER: Over jichenswann hett dat doch woll jedereen al mol mookt.

TINCHEN: Kloor, over nich von dat Dree-Meter-Brett.

Swoorkraft

In der Schule: LEHRER/-IN und 2 - 4 KINDER in 2 Stuhlreihen.

LEHRERIN: Wi wüllt vondoog över dat Gesetz von de Swoorkraft snacken.

1. KIND: Wat is dat denn för 'n Tüünkroom?

LEHRERIN: Wenn 't dat Gesetz von de Swoorkraft nich geven würr, denn . . .

(2. KIND meldet sich)

2. KIND: Fro Lehrerin, denn würrn wi altohoop op 'n Mond.

LEHRERIN: Ne, ne. Wenn 't dat Gesetz von de Swoorkraft nich geven dä, denn so würrn wi altohoop in de Luft ümherflegen.

3. KIND: Echt, Fro Lehrerin? Wi hebbt over jo gor keen Flünken.

LEHRERIN: Jo, so is dat Gesetz von de Swoorkraft.

3. KIND: Is dat wohr, Fro Lehrerin, de Minschen kunnen flegen, bevör dat gesetzlich regelt worrn is?

1. KIND: Is jo kuum to gleuven.

T-ö-ö-r-f

Personen: ANSAGER, *ein* MANN *und eine* FRAU.

Requisiten: Eine Bank als Kutschbock für ein Fuhrwerk.

ANSAGER: Jan fährt mit seinem Gespann durch die Gemeinde und verkauft Brennmaterial.

(Hier an dieser Stelle hält er gerade an.)

JAN *(ruft laut):* T-ö-ö-r-f . . . T-ö-ö-r-f!

(Es kommt eine FRAU *auf ihn zu.)*

HAUSFRAU: Hebbt Se so 'n scheunen swatten Backtörf? So en von de beste Sorte, hebbt Se den?

JAN: Beste Fro, Törf heff ik överhaupt nich. Ik heff bloots Füerholt.

HAUSFRAU: Wi künnt Se ober denn Törf utropen, wenn Se blots Holt hebbt?

*(*JAN *schiebt die Mütze in den Nacken.)*

JAN: Beste Fro, wat schall ik denn moken? Wenn ik ropen dau: „H-o-l-t! – H-o-l-t!" Denn blievt mi jümmer de Peer stohn!

Toornbloser

Zwei Personen.

Requisiten: Eine Trompete oder etwas Ähnliches.

BÜRGERMEISTER: Goden Dag, Hinnerk.

HINNERK: Goden Dag, Börgermeester. Na, wat gifft.

BÜRGERMEISTER: Wat ik di seggen wull, Hinnerk. Wi hebbt di jo vör een Johr as Toorn- bloser instüllt. Over siet veer Weken bloost du jo gor nich mihr.

HINNERK: Ne. Dat is man so, Börgermeester: Mien Tähn de mookt dat nich mihr mit. Mi fehlt dor en poor Tähn. Un nu geiht de Luft jümmer blangento. Un för den Tähndokter fehlt mi dat Geld.

BÜRGERMEISTER: Dor wüllt wi woll Hand an kriegen. Goh no den Tähndokter un loot dat richten.

(3 Wochen später treffen sich HINNERK und der BÜRGERMEISTER wieder.)

BÜRGERMEISTER: Na Hinnerk, wi is dat mit de Tähn?

HINNERK: Oh ganz best. Hüür di dat an, geiht fomos.

BÜRGERMEISTER: Denn kannst du wedder bi jedeen vulle Stünn von Toorn blosen!

HINNERK: Dat geiht kloor.

(3 Tage später treffen sich HINNERK und der BÜRGERMEISTER wieder.)

BÜRGERMEISTER: Du Hinnerk, ik bün untofreden mit di.

HINNERK: Worüm, woso dat, Börgermeester. Bloos ik amenn verkiehrt?

BÜRGERMEISTER: Nee, dat nich. Over du bloost blots doogsöver. Un nachts hüür ik gor nix. Wi kummt dat.

HINNERK: Tja, Börgermeester, dat is man so: Ik heff doch de ne'en Tähn kregen, de de Gemeen mi betohlt hett.

BÜRGERMEISTER: Jo, dat hebbt wi.

HINNERK: Nu is de Sook man so, de Tähndokter hett denn to mi seggt, dat ik de Tähn goot plegen schall. Un ik schull se jedeen Ovend rutnehmen. Dat mook ik nu ok. Over denn kann ik nachts doch gor nich blosen.

Unkel oder Lokföhrer

Zwei Personen.

TINCHEN: Goden Dag, Paul. Na wo geiht di dat?

PAUL: Ooch, sowiet ganz goot! Stüll di mol vör, ik warr Unkel.

TINCHEN: Wat warrst du?

PAUL: Ik warr Unkel!

TINCHEN: Minsch Paul, du weetst over ok nich, wat du wullt.

PAUL: Wieso? Wi meenst du dat?

TINCHEN: Na, güstern to wullst du noch Lokführer warrn.
Un vondoog - vondoog wullt du Unkel warrn?!

Verännerung

Personen: Zwei MÄDCHEN.

Die beiden MÄDCHEN treffen sich auf der Straße.

ERSTES MÄDCHEN: Oha, Sandra, du hest di jo over bannig verännert.

SANDRA: Wie?

ERSTES MÄDCHEN: Du hest 'n anner Hoorfarv?

SANDRA: Wat?

ERSTES MÄDCHEN: Un du büst ok teihn Zentimeter grötter un ok veel dünner!

SANDRA: Over ik heet doch gor nich Sandra!

ERSTES MÄDCHEN: Wat? Du hest dienen Nomen ok verännert un heetst nich mihr Sandra?

Veehdokter un Dokter

Zwei Personen: Eine mit weißem Kittel, die andere in normaler Kleidung mit Gummistiefeln.

DOKTOR:
Mien leve Veehdokter, du wullt mi doch nich vertellen, dat du dat sworer hest as ik.

VEEHDOKTER:
Over wiss doch, leve Kolleeg. Kiek mol, wenn bi mi en Tier krank is, denn so kann ik dat nich befrogen. Dat mutt ik allens affeuhlen.
Du ober seggst: „Fro Meier, wo deiht dat denn weh? Is dat de Buuk? - Sünd dat de Fööt? Oder hebbt Se Bregenklötern in 'n Kopp?"

DOKTOR:
Jo, dor mutt ik Di recht geven. Over de Minsch is doch veel komplizeerter as so 'n Veehtüch.

VEEHDOKTER:
Jo, dor mut ik Di nu wedder recht geven. Over wenn Di dien ganze Frogeree nich wieterhülpt, denn seggst Du: „Fro Meier, wi mööt dat mol bi dat Elbe-Klinikum nöger ünner-söken." Un swupps, büst Du ut 'n Snieder!

DOKTOR:
Jo, un wenn Di dien ganze Grabbelee nich wieterhülpen deit, denn seggst Du to 'n Buern: „Roop mol den Notslachter an, ik kann hier nich mihr hülpen."

BEIDE:	Nu weet wi jümmer noch nich, wokeen dat von uns sworer hett, de Dokter oder de Veehdokter!

Veer Elemente

Personen: LEHRER und zwei SCHÜLER/-INNEN.

Eine Schulbank oder ein Tisch mit zwei Stühlen, die eine Schulklasse darstellen sollen.

Der LEHRER (möglichst mit Mittelscheitel) steht vor der Klasse.

LEHRER: So Kinner, wi hebbt toletzt de veer Elemente dörchnohmen. Wokeen kann mi de denn mol herseggen?

KIM: *(meldet sich.)*

LEHRER: Dat is jo fein, Kim. Denn tell se mol op.

KIM: *(steht auf und schaut sich hilfesuchend um.)*

KIM: Dat ierste Element dat is de Ierd.

LEHRER: Richtig un nu dat tweite Element.

KIM: Dat tweite Element, dat is de Luft.

LEHRER: Richtig un nu dat drütte Element?

(Da muss KIM nachdenken.)

KIM: Dat drütte Element. Dat is, - dat is, *(- Pause!)* Dat is dat Füer!

LEHRER: Richtig, Kim! Een Element fehlt nu noch. Nu dink mool goot no, Kim.

(KIM denkt lange nach. Dann kommt ihr die Erleuchtung. Sie lächelt.)

KIM: Nu heff ik dat. Dat veerte Element dat is „Skoot"!

LEHRER: Skoot? Wieso dat?

KIM:	Jo, Skoot!
LEHRER:	Over Kim, wi kummst du denn op Skoot.
KIM:	Och, dat segg uns Oma jümmer, wenn Opa Rudi mit siene Mackers „Skoot" spelen deit! Denn segg Oma jümmer:
	„Nu is Opa wedder in sien Element!"

Verlööf

Personen: CHEF und AUSZUBILDENDER.

AZUBI: Chef, ik müch enen Dag Verlööf hebben.

CHEF: Urlaub? Woto wullt du Urlaub hebben?

AZUBI: Miene Grootmudder ist doot bleven.

CHEF: Diene Grootmudder?

AZUBI: Jo, miene Grootmudder!

(Der CHEF macht eine heftige, abweisende Bewegung.)

CHEF: Mien leve Jung. Dat is nu al de drütte Grootmudder, de bi jau doot blifft.

AZUBI: Jo, dat stimmt!

CHEF: Dat is keen Antwoort.

AZUBI: Dat stimmt!
Over wat schall ik moken? Mien Grootvadder, de heirood jümmer wedder!

Wat mookt Vadder?

Zwei Personen.

JOHANNA: Goden Dag, Darlin!

DARLIN: Oh, goden Dag, Johanna.

JOHANNA: Na, wo geiht di dat?

DARLIN: Och, ganz goot!

JOHANNA: Un dienen Broder ok?

DARLIN: Jo!

JOHANNA: Segg mol, Darlin, wat mookt egentlich dien Vadder?

DARLIN: In 'n Momank is he krank.

JOHANNA: Ne – ik müch giern weten, wat he mookt?

DARLIN: He hoost.

JOHANNA: Ne – ik müch von di weten, wat he deit, wenn he gesund is?

DARLIN: Och so ! – Denn hoost he natürlich nich mihr.

Wiehnachtshoos

Personen: 19 ENGEL, 1 HASE.

Requisiten: Engelkostüme, Umhang und Mütze.

Der HASE sitzt in der Mitte. Die ENGEL stehen um ihn herum.

1. ENGEL: Dor würr mol so 'n lütten, smucken Hoos.

2. ENGEL: De harr Oostern verbummelt. He harr dat glatt verslopen.

3. ENGEL: Trurig seet he den ganzen Sommer över op de Weid un vertell jedeen, de vorbi keum, von sien Molöör.

4. ENGEL: Al Deerten ut den Wohld un von de Weid de beduerten den lütten Hosen.

5. ENGEL: Wi kunn sowat blots posseeren?

6. ENGEL: Worüm harrn de annern Hosen em nich opwookt?

7. ENGEL: Wat harr he freten, dat he so deep slopen harr?

8. ENGEL: De lütt Hoos würr ganz vertwievelt. Dat duur doch noch so lang, bit Oostern wedder keum.

9. ENGEL: En Dag, dat würr al beten koolt, de Nebel teug över 't Land, de iersten Sneeflocken fullen, dor posseer wat Wunnerbores.

10. ENGEL: De lütte Hoos würr ut sienen Bau rutkomen un seet ünner en lütten Dannenboom.

11. ENGEL: Dor keum miteenmol luter wunnersmucke Wiehnachtsengel op em to.

(Alle ENGEL treten 2-3 Schritte zu dem HASEN vor!)

12. ENGEL: Worüm büst du so trurig?

HASE: Stüllt jau vör, ik heff dat letzte Oosterfest versüümt. Ik heff dat dummerwies verslopen.

13. ENGEL: Oje, du arm Hosenkind. Wat kann man dor blots moken? Loot uns mol nodinken!

(ENGEL denken angestrengt nach. Plötzlich ruft ein ENGEL.)

14. ENGEL: Ik heff ene dulle Idee! Wi warrt di as Wiehnachtshosen insetten!

15. ENGEL: Oh, wi snuck deist du mit de rode Wiehnachtsmütz utsehn!

16. ENGEL: Ok en roden Samtümhang steiht di bestimmt goot!

(Der HASE bekommt eine Mütze und einen Umhang.)

17. ENGEL: Jo, un so hülpst Du uns de Christbööm to smücken. Weetst Du, wi hülpt nämlich dat Christkind!

18. ENGEL: Wat seggst Du dortau?

(Der HASE überlegt kurz und meint fröhlich)

HASE: Gestatten, ik bünn de Wiehnachtshoos!
(Er verbeugt sich.)

19. ENGEL: Un ji dor ünnen passt goot op, wenn an 'n Wiehnachtsovend ut joon Stuuv en Wiehnachtshoos hoppelt, wenn dat Glöckchen lüden deit!

Winterkantüffel

Personen: BAUER und zwei KUNDEN.

Ein BAUER steht an seinem Verkaufsstand mit Kartoffeln.
Die Kartoffeln sind in kleinen Säcken zu 5 Kilo abgepackt.
Die Säcke sind deutlich mit „5 kg" beschriftet.
Vor seinem Verkaufsstand steht ein großes Schild mit der Aufschrift:
„Heute noch Kartoffeln zum alten Preis! Letzter Tag!"

1. KUNDE: Wat köst de Kantüffel?

BAUER: Wi verkööpt noch to 'n olen Pries.

1. KUNDE: Wi is de Köstenpunkt?

BAUER: Fief Kilo för twee Euro.

1. KUNDE: Blots noch vondoog?

BAUER: Vondoog is de letzte Dag.

1. KUNDE: Denn geev mi mol fief Kilo.

Einige Zeit später kommt ein neuer KUNDE.

2. KUNDE: Gifft da de Kantüffel noch to 'n olen Pries?

BAUER: Jo, blots noch vondoog. Fief Kilo för twee Euro.

2. KUNDE: Un morgen? Wat warrt de Kantüffel morgen kösten?

BAUER: Denn gifft dat en ne'en Pries.

2. KUNDE: Un wieveel köst de denn?

BAUER: Morgen köst de Kantüffel enen Euro för fief Kilo.

Zeitungsannonce

Personen: MUTTER und TOCHTER.

Die MUTTER sitzt in der Stube an einem Tisch und macht irgendeine Handarbeit. Die TOCHTER erscheint und hat einen ganzen Packen Briefe in der Hand (23 Umschläge).

TOCHTER: Dag Mudder.

MUTTER: *(guckt von der Handarbeit hoch und sagt)*
Mein Gott, wat is denn nu al wedder?

TOCHTER: Ach weest du, Mudder, ik heff doch in de Zeitung so en Annonce opgeven.

MUTTER: Un worüm dat? Du hest doch al en Fründ.

TOCHTER: Weest du Mudder, mit Hannes Borchers dor is doch nix mihr mit los.

MUTTER: Mi dücht, dat is en ganz fixen Jung.

TOCHTER: Nee, Mudder. Denn heff ik afschoten.

MUTTER: Un wat wullt du nu?

TOCHTER: Nu heff ik ene Annonce opgeven wegen „Freizeitgestaltung". Ik will op disse Ort enen annern Macker kennen liehrn.

MUTTER: Diern, Diern!
(die MUTTER schüttelt mit dem Kopf)
Un dor hebbt sik welke op mellt?

TOCHTER: Dreeuntwintig Kierls!
(Sie lacht und schmeißt die Briefe auf den Tisch.)

MUTTER: Dat is nich wohr, so vele?

TOCHTER: Kiek di de man in Rauh an, Mudder. De sünd wohrhaftig intressant.
Sünnerlich, de von **Papa!**